56
209

GUERRE
CONTRE LES RUSSES
EN ORIENT

PLAN DE CAMPAGNE RÉTROSPECTIF

DES ARMÉES COALISÉES

Par M. DE MÉTIVIER DE VALS

Auteur de plusieurs écrits militaires

Paris

IMPRIMERIE GUIRAUDET ET JOUAUST

338, RUE SAINT-HONORÉ

Janvier 1855

GUERRE

CONTRE LES RUSSES

EN ORIENT

I

Un soir, dans le courant de juin dernier, je rentrais chez moi la tête fatiguée de ces mille nouvelles que jettent à l'envi dans le public les journaux et les joueurs de Bourse. Les feuilles du soir se montraient plus prodigues que jamais de conjectures sur la guerre d'Orient. Après m'être couché, je résolus de lire encore une de ces feuilles ; mais bientôt mes paupières alourdies s'abaissèrent ; le journal tomba de mes mains ; je m'endormis, et, l'esprit tout absorbé par la situation des armées alliées, je fis l'étrange rêve que voici :

Je me trouvais à Constantinople, dans une des salles des plus splendides du palais impérial. Autour d'un magnifique tapis vert à franges d'or avaient pris place plusieurs officiers généraux de terre et de mer, revêtus d'uniformes divers, mais tous resplendissants de riches broderies ; tous avaient la poitrine ornée de grosses décorations ruisselantes de pierreries. Ils étaient réunis en conseil de guerre à l'effet d'arrêter le plan de campagne à suivre dans la guerre contre la Russie. Plusieurs cartes géographiques, déployées devant eux, couvraient la table ; une, entre autres, placée sous les yeux du président, était piquée d'épingles signalant les lieux importants du théâtre de la guerre.

Le président de l'illustre assemblée, après avoir réclamé le silence et s'être recueilli quelques instants, prit la parole à peu près en ces termes :

Messieurs, les hautes considérations qui ont déterminé nos gouvernements à réunir leurs drapeaux contre les ambitieuses prétentions du czar vous sont trop bien connues pour que j'aie besoin de les rappeler à votre esprit : il ne s'agit aujourd'hui pour nous que d'examiner les positions de l'ennemi, de connaître ses forces, de nous représenter exactement les lieux sur lesquels nous devons aller l'attaquer, de concerter ensuite, et après un sérieux examen, le plan d'exécution le plus capable d'assurer à nos forces des succès prompts, vastes et décisifs.

Dans les déterminations que nous allons prendre, gardons-nous d'imiter certains généraux, habitués à mépriser leurs adversaires, à n'apporter que de très faibles soins aux dispositions préliminaires des combats ou batailles qu'ils ont à livrer, se berçant de cette dangereuse pensée qu'il leur suffira de joindre l'armée ennemie, en quelque lieu que ce soit, pour la vaincre par le seul ascendant du nombre, du courage et de l'habile tactique de leurs soldats.

Apprécier avec un pareil dédain la force morale, l'organisation et la valeur des troupes dont disposent les généraux ennemis, est toujours quelque peu téméraire ; mais, dans la guerre actuelle, ce serait préparer aux troupes alliées de cruelles déceptions que d'envisager ainsi les masses d'hommes contre lesquelles nous allons nous heurter.

Considérons donc l'armée russe comme étant, sous tous les rapports, au niveau de la nôtre, comme munie de ressources considérables, pouvant même, parcequ'elle manœuvre dans son pays, se les procurer avec plus de facilité que nous ne pourrons peut être le faire un jour.

Cet état de choses nous impose le devoir d'analyser nos divers moyens d'action et d'accroître la somme de puissance de chacun d'eux au moyen d'une savante combinaison entre leur valeur particulière, de calculer enfin l'exécution de nos mouvements stratégiques sur terre et par mer, de manière à attirer sur un point toute l'attention de l'ennemi, afin de pouvoir mieux le frapper sur un autre. Essayons d'imiter, en cela, les sublimes exemples qui nous sont fournis par le plus grand génie militaire qui ait paru jusqu'à nous. L'empereur Napoléon Ier observait d'abord son ennemi, étudiait l'échiquier sur lequel il se proposait d'opérer, cachait la marche de ses colonnes en leur donnant des directions différentes, paraissant les éloigner entre elles, tandis que, les massant à jour fixe et sur un point déterminé, il n'annonçait leur présence et la sienne à leur tête, à son adversaire, que par des coups rapides, vigoureux, écrasants.

Les succès obtenus par l'usage d'une pareille méthode viendront répandre sur les armées alliées une immortelle gloire, et chacun de vous, Messieurs, y puisera de nouveaux titres à la renommée qui déjà rend vos noms si illustres.

II.

Deux considérations principales ont décidé nos souverains à diriger sur ce beau rivage une portion de leurs forces de terre et de mer; ils les ont confiées à vos habiles mains, certains d'avance que vous sauriez accomplir dignement la haute mission dont ils vous ont chargés.

Le premier de leurs desseins consiste à venir en aide à l'armée turque, pour forcer les troupes moscovites à une prompte évacuation des provinces danubiennes.

Leur seconde pensée est d'un ordre infiniment plus élevé, c'est une conception politique et militaire dont les résultats probables seront immenses de gloire. Il s'agit, Messieurs, de l'invasion de la Crimée, de la prise de Sébastopol, de la flotte et du riche matériel accumulé depuis longues années dans ses arsenaux, en un mot de la destruction totale de cette redoutable forteresse maritime, centre de la souveraine puissance du czar en Orient.

La mer Noire est maintenant soumise à nos pavillons ; les vaisseaux alliés y dominent sans contestation. Cet avantage nous permet de multiplier le nombre de nos forces, par la grande mobilité qu'il nous est facile de leur imprimer : en présentant, en effet, nos soldats sur plusieurs points du vaste littoral soumis à la domination russe, en y simulant des projets de débarquement, nous parviendrons à inspirer à l'ennemi d'assez vives inquiétudes pour l'engager à disséminer ses soldats par faibles corps sur les divers points abordables de ses côtes. Ces mouvements stratégiques, rapidement exécutés sur l'étendue de mer dont nous sommes les maîtres, produiront certainement le bon effet de jeter de l'incertitude dans l'esprit des généraux moscovites au sujet de nos véritables intentions, et la résistance des principaux endroits dont nous voulons nous emparer sera, par suite, considérablement diminuée.

Vous le savez, Messieurs, lors de l'arrivée des armées alliées dans cette contrée, les troupes du czar, répandues le long de la rive gauche du Danube, depuis Widin jusqu'à Silistrie, occupaient, en outre, toute la Dobrustcha et menaçaient de pousser leur invasion jusqu'à Constantinople.

Dans cette situation, la prudence nous fit un devoir d'arrêter nos divisions à Gallipoli et de les concentrer un instant sur ce point, afin d'être en mesure de les porter en force au devant de l'ennemi, s'il arrivait qu'il eût l'audace de pénétrer en Bulgarie, de franchir les Balkans, et, de ces monts, descendre dans les plaines de la Roumélie.

Déjà nos flottes, conduites par nos braves et savants amiraux, nous avaient ménagé un moyen sûr d'aller atteindre le flanc ou les derrières de l'armée russe; ils avaient compris combien la possession de l'entrée du Danube serait avantageuse pour les opérations agressives des alliés : aussi s'étaient-ils empressés, dès que les eaux de la mer Noire leur avaient permis d'y naviguer avec sûreté, d'aller s'emparer des bouches de ce fleuve, en y faisant entrer une forte division de bâtiments légers, armés de canons à longue portée, et destinés à garder cette précieuse voie, par laquelle nos bataillons pourraient menacer, au besoin, de prendre à revers l'armée russe, et la forceraient à rétrograder vers le Pruth, sa base d'opérations.

Mais la glorieuse et opiniâtre résistance des braves soldats ottomans dans les murs de Silistrie, la détermination du cabinet de Vienne d'envoyer une puissante armée protéger l'indépendance des provinces moldo-valaques, et plus encore la certitude d'être bientôt assaillis par les Anglo-Français, réunis à Omer-Pacha, ont convaincu les généraux russes que leur situation ne tarderait point à devenir dangereuse. Il leur a paru dès lors aussi politique que prudent de ramener leurs troupes en Bessarabie, trouvant dans cette évacuation le double avantage, d'abord de complaire aux désirs de l'empereur d'Autriche en lui abandonnant la garde des principautés, puis de rassembler, en exécutant un sage mouvement de concentration, tous les corps dispersés de l'armée dite du Danube.

Encore quelques jours, Messieurs, et la première période de notre campagne se trouvera parfaitement accomplie ; le czar aura cessé de fouler de ses nombreuses légions le malheureux sol moldo-valaque.

Ne troublons point la retraite volontaire de cet adversaire ; cherchons, au contraire, à lui inspirer une profonde sécurité ; laissons-lui supposer de la lenteur, de l'incertitude, dans nos mouvements ; laissons-lui croire à des hésitations provenant d'un certain esprit de méfiance, suite assez ordinaire des intérêts divergents qui règnent parfois entre les nations coalisées.

Grâce au ciel, aucun germe de division n'existe dans les vues ni les sentiments de nos souverains ; et vous tous, Messieurs, leurs représentants dans cette œuvre, êtes disposés à agir avec la plus loyale comme avec la plus cordiale harmonie.

L'autocrate, redoutant votre présence, juge maintenant à propos de ramener ses soldats sur son territoire ; c'est à nous d'aller les y joindre, d'aller arracher à ses avides mains cette province de Crimée, ravie depuis 1783 à la domination turque, et dans laquelle il a su se créer ce formidable port de Sébastopol, dont les flottes menacent sans cesse Constantinople et peuvent devenir bientôt redoutables pour l'Europe occidentale elle-même.

Mais, ne nous le dissimulons pas, les difficultés de cette grande entreprise réclament de notre part les plus sérieuses réflexions : car, si la situation de Sébastopol et les intérêts qui s'y rattachent montrent cette place comme un but décisif aux yeux des alliés, le gouvernement russe a dû, de son côté, concentrer son attention sur elle et l'entourer de tous les moyens de défense, en raison de ses projets de conquêtes futures.

Nous sommes confirmés dans cette persuasion par la vue des plans, quoique inexacts, de cette forteresse, et les divers renseignements obtenus de nos espions paraissent en outre s'accorder à l'endroit des fortifications qui entourent la place. Elles nous sont représentées comme aussi habilement ordonnées que solidement construites, soit du côté de la terre, soit en regard de la mer.

En présence de pareils documents, supposer que l'on enlèvera Sébastopol par un simple coup de main serait étrangement s'abuser ; prétendre également réduire ses remparts en se bornant à exécuter devant eux les longs travaux d'un siége régulier serait, ce nous semble, faire rétrograder l'art de la guerre ; ce serait le ramener au système du siècle de Louis XIV.

Suivons, Messieurs, des traditions meilleures, plus récentes, plus certaines, plus décisives.

Portons d'abord nos regards sur les provinces méridionales de l'empereur Nicolas baignées par la mer Noire. La première qui s'offre devant nous est la Crimée, autrement dit la Chersonèse ou Tauride des anciens ; cette presqu'île ne se joint au continent que par l'isthme étroit de Pérékop, dont la largeur n'est que d'environ 7 à 8 kilomètres (1).

---

(1) Avant que la Tauride devînt province russe, Pérékop avait le nom emphatique d'Or-Kap, Porte royale.

C'est ainsi que les Tatares désignaient l'entrée assez mesquine d'un retranchement qui coupait l'isthme, et qui joignait les deux mers par un large fossé ; celui-ci existe encore, mais dans un état de délabrement.

La Crimée est bornée au nord par les mille anfractuosités de la Sivach ou mer Putride, prolongement de la mer d'Azof; au nord-est, encore par la mer Putride et la flèche d'Arabat ; puis, jusqu'au détroit de Kertch, par la mer d'Azof. La longueur, de l'isthme de Pérékop au détroit de Kertch, aussi nommé d'Enikalé, est de 78 lieues ; de Pérékop, point le plus au nord , jusqu'au port de Yalta , situé au sud, la distance est de 53 lieues, et, de Sébastopol à Pérékop, passant par Simphéropol, de 46 lieues.

De l'autre côté de l'isthme se présente la province de Kerson , riche pays, traversé par une multitude de cours d'eau qui le coupent du nord au sud. Il est baigné par trois grands fleuves ; ces trois fleuves sont : le Dniéper, à 26 lieues de Pérékop : il coule diagonalement du nord-est au sud-ouest, vers Kerson , capitale de la province, près de laquelle il se déverse dans la mer. Le Bug, qui descend de la Podolie, dépose en passant les immenses quantités de bois, produit de la Russie centrale, dans les chantiers de Nikolaïeff, où s'exécutent toutes les constructions de la marine impériale russe destinées à la navigation de la mer Noire ; ce fleuve verse, huit lieues plus bas , ses eaux dans le golfe profond appelé Limane du Dniéper. Le Dniéper et le Bug sont éloignés de 25 lieues l'un de l'autre.

Plus à l'ouest coule le Dniester, venant de la Gallicie , il joint la mer par une large embouchure à Ovidiopol. La riche ville d'Odessa est à huit lieues de sa rive gauche. Plus à l'ouest s'étend la province de Bessarabie, dont le territoire sépare le Dniester du Danube et met ces deux fleuves à 32 lieues l'un de l'autre.

Tel est le théâtre de la guerre où les armées alliées auront à opérer : car, Messieurs, les résultats de la lutte actuelle devant être au niveau des immenses sacrifices qui ont été faits

par nos gouvernements, la destruction totale de Sébastopol
et l'incendie de ses nombreux vaisseaux n'atteindraient
qu'imparfaitement les vœux de la coalition : ce ne serait, en
effet, pour la Russie, qu'une grosse perte d'argent , qu'un
seul retard.de quelque vingt années au plus dans ses menaces , si nous n'amoindrissions la puissance du czar par la
force de nos armes et en lui arrachant la Crimée, la Bessarabie, plus tout le littoral de la vaste province du Kerson.

Quant à l'effectif général des forces militaires ennemies
répandues dans les trois provinces dont nous venons de par-
ler, les divers renseignements obtenus jusqu'à ce jour s'ac-
cordent à nous signaler le nombre et la répartition de cet
effectif de la manière suivante :

1° L'armée dite du Danube, dont une partie est encore
dans la Dobrustcha et l'autre se retire derrière le Pruth,
quatre-vingt mille hommes, ci. 80,000

2° Celle qui se trouve sur les côtes de la Bessarabie et dans le Kerson, commandée par le
prince Osten-Saken, quartier général à Odessa,
compte, assure-t-on. 50,000

3° Celle qui garde tout le littoral de la Crimée,
y compris la garnison de Sébastopol et les marins
de la flotte, sous les ordres supérieurs du prince
Mentschikof, soixante-quinze mille hommes, ci. 75,000

Total. . . . 205,000

Si nous avions à combattre ces 205,000 hommes réunis,
il serait sans doute très difficile de les anéantir ; mais il n'en
est pas ainsi : les trois armées russes paraissent subdivisées
sur un espace circulaire de près de 200 lieues de côtes autour de la mer Noire, tandis que les vaisseaux alliés peuvent

voguer sans danger dans tous les parages de cette mer. La coalition possède donc l'avantage de porter ses régiments sur les points qu'elle aura jugés devoir être les plus favorables à la réussite de l'entreprise projetée. Cette position quasi centrale nous permet de choisir celle des trois armées ennemies qu'il importe de frapper la première.

Or, l'invasion immédiate de la Crimée est évidemment l'entreprise dont nous devons tout d'abord nous occuper : car non seulement la chute certaine de Sébastopol sera la conséquence du succès, mais encore l'armée alliée y gagnera la portion de la côte qui, faisant face au continent, s'étend de Pérékop à la pointe de terre la plus au nord-ouest de la presqu'île. Cette heureuse position, comme vous pouvez l'apprécier en jetant un coup d'œil sur la carte, lui permettra d'aller, au moyen de la flotte, prendre à revers les lignes d'opération ou les bases de défense dont voudraient faire usage les généraux moscovites contre une seconde armée alliée qui marcherait à eux, soit en Bessarabie, soit dans la province de Kerson, pour les combattre de front.

Le début de notre agression doit donc avoir lieu sur le sol de la Crimée, où la lutte commencera avec le prince Mentschikof. Ce général nous est signalé comme un homme instruit, possédant des connaissances militaires et quelque expérience de la grande guerre, qu'il a faite avec distinction dans sa jeunesse. Doué de beaucoup d'esprit de cour, il a su captiver l'entière confiance de son souverain, qui lui suppose les ressources d'un vaste génie et beaucoup de résolution. Mais son caractère, naturellement aigre, difficile, caustique, est devenu, avec l'âge, méfiant, impérieux, obstiné ; il n'admet guère d'autre avis que celui qu'il a personnellement conçu. Il est fort peu aimé de ses inférieurs.

Contre un pareil adversaire il devient essentiel de bien

combiner d'avance notre plan d'opérations, afin de manœuvrer, après notre débarquement, avec ensemble, décision, précaution et une grande rapidité de mouvements.

Le général Osten-Saken, commandant en chef à Odessa, est, dit-on, plus diplomate que stratégiste, bien qu'il ait la prétention d'être habile guerrier, parcequ'il connaît à fond les détails du service de caserne et toutes les autres minuties du métier, dans lequelles il s'est absorbé, au lieu de songer à s'élever dans les hautes régions de la grande guerre. Pour ce général, le fin, le sublime de l'art, sous le rapport des manœuvres, consiste dans l'exécution, sur un champ d'exercices, des changements de front et des passages de ligne, avec la pointilleuse exactitude réglementaire de la théorie russe. Aussi ses troupes savent-elles d'avance, lorsqu'il les réunit, qu'elles ne se sépareront point sans avoir fait ces deux mouvements, beaux à l'œil sans doute, mais très rares devant l'ennemi, et toujours fort dangereux.

C'est, du reste, un homme aimable, gracieux, de bon ton, affable et bienveillant envers ses inférieurs, dont il est généralement aimé. On croit que des démonstrations dirigées sur plusieurs points de son commandement le tromperaient aisément et l'amèneraient à réclamer de suite et avec instance des secours aux généraux ses voisins.

Quant aux généraux Gortschakoff, Liprandi, Luder, Chruloff, chefs des divers corps de l'armée du Danube, les portraits qui nous en sont donnés sont trop obscurs pour que nous puissions juger sainement de leur capacité militaire.

III.

J'aborde maintenant, Messieurs, l'exposé de la conduite à suivre dans l'exécution du plan de campagne qui paraît le plus propre à faire triompher la Coalition ; il consiste :

1° A faire mouvoir diversement les flottes et les corps de l'armée, de manière à jeter les adversaires dans une profonde incertitude au sujet du nombre de nos troupes, du but objectif réel de l'entreprise et du lieu où commencera l'agression.

Il serait bon, à cet effet, de lancer dans le public, à l'aide soit des journaux, soit d'autres voies, la nouvelle que les généraux alliés, reconnaissant l'impossibilité d'entreprendre cette année une sérieuse attaque contre Sébastopol, forteresse autour de laquelle l'art du génie a su déployer tous les éléments de résistance, ont résolu de ne rien entreprendre contre Sébastopol, ni même contre la Crimée, mais se sont déterminés à porter leurs coups sur la Bessarabie, Odessa et Nicolaïeff, à pousser même leurs conquêtes, si la chose est possible, jusqu'à Vosnessensk, chef-lieu d'une colonie militaire, en remontant le Bug, ou se diriger vers Kerson, sur le Dnieper.

2° On donnerait une apparence de vérité à ce projet d'opération en faisant partir de Gallipoli trois ou quatre divisions de l'armée, traçant leur itinéraire par Andrinople, Kirk-Kilissa et autres routes latérales, comme si elles devaient traverser les Balkans. Ces colonnes sillonneraient ainsi l'intérieur de la Roumélie, jusqu'à une certaine hauteur où chacune d'elles, tournant brusquement à droite, viendrait effectuer son embarquement dans un des petits ports de la côte, tels que Inada, Bourgas, Mescembria, choisis et reconnus à l'avance, entre Constantinople et Varna (1).

3° Les autres divisions anglo-françaises, placées sur les vaisseaux et navires de transport à Gallipoli ou Constantinople, entreraient ensemble dans la mer Noire, iraient se présenter aux bouches du Danube, renforceraient au besoin les forces qui occupent, à l'intérieur, cette importante position, puis, s'avançant dans le golfe d'Odessa, cette armée navale feindrait de vouloir mettre pied à terre près de cette ville ou de Troilzkaé; cependant un certain nombre de navires pénétreraient dans la Limane du Dniéper, aussi avant que la profondeur des eaux le permettrait; ils feraient en sorte d'inspirer de vives inquiétudes depuis l'embouchure du Bug jusqu'à Kherson, soit par des simulacres de débarquement, soit en effectuant la descente réelle de quelques bataillons qui ravageraient quelques petites localités mal gardées, puis reviendraient à bord.

---

(1) Lorsque le général en chef Bonaparte voulut transporter son armée en Egypte, il se garda bien de faire connaître d'avance son projet en réunissant ses troupes et ses vaisseaux dans un même port. Quatre points furent secrètement choisis; le principal convoi partit de Toulon, le second de Gênes, le troisième d'Ajaccio, le quatrième de Civita-Vecchia. — Cette expédition s'appelait aile gauche de l'armée d'Angleterre, et, afin de tromper davantage le cabinet britannique, Bonaparte, à son arrivée à Toulon, le 9 mai 1798, adresse à ses troupes un ordre du jour dans lequel il leur dit : « Soldats, » vous êtes une des ailes de l'armée d'Angleterre. Vous avez fait la » guerre de montagnes, de plaines, de siéges; il vous reste à faire » la guerre maritime, etc., etc. »

C'est ainsi que les ministres anglais furent induits en erreur, et que Nelson ne put rencontrer la flotte française.

Ces démonstrations, exécutées avec l'intelligence et les remarquables talents qui distinguent la marine anglo-française, et, d'autre part, les rapports faits par les espions russes à leurs généraux, confirmant la nouvelle que nos colonnes marchent dans l'intérieur de la Roumélie, s'avancent vers le Danube, allant opérer leur jonction avec les troupes ottomanes, d'après le dire de nos soldats et officiers, dans les villes de *Roustchouk*, *Silistrie*, *Rassowa*; ces fausses indications auront pour résultats probables de détourner complétement les craintes des chefs russes d'une entreprise sur la Crimée, pour les reporter vers les provinces du continent; ce qui pourra déterminer le prince Mentschikoff à s'affaiblir par l'envoi de forts détachements au secours de ses collègues, qu'il supposera être sérieusement en danger.

4° À mesure que les approvisionnements en matériel, munitions, vivres, et autres de tous genres, arriveront en Orient, ils seront rassemblés et embarqués sur des navires de transport qui seront expédiés par petites divisions pour aller occuper divers petits ports entre Gallipoli et Varna, où ils attendront l'ordre de reprendre la mer.

5° L'itinéraire des troupes qui devront prendre la voie de terre sera calculé de manière à ce qu'elles arrivent toutes à jour fixe à l'endroit de leur embarquement. On combinera le temps nécessaire à cette complète opération; on tiendra compte aussi de la distance où se trouvent les divisions de transport, de la rapidité plus ou moins grande de leur marche, et enfin du retour des bâtiments de guerre employés à des démonstrations dans le golfe d'Odessa, dont nous avons parlé.

Des ordres précis seront expédiés à chaque chef pour leur tracer, aussi exactement que possible, leur conduite, l'époque de leur mise sous voile et le jour fixe où ils devront se trouver à la hauteur de l'île des Serpents , point de réunion générale, où des instructions nouvelles leur seront données.

6° L'armée de terre et de mer secrètement réunies dans les eaux de cette île, la flotte cinglera immédiatement vers le golfe de Kalamita, côté ouest de la Crimée, où elle effectuera le débarquement dans un lieu rapproché de Sébastopol, tel, par exemple , que l'embouchure de l'une des trois rivières suivantes : l'Alma, la Katcha, le Belbeck, c'est-à-dire dans un espace d'environ 21 kilomètres, si les lieux, bien reconnus à l'avance , offrent aux divers bâtiments un sûr et solide ancrage.

L'ennemi, ne s'attendant point à notre soudaine apparition devant la presqu'île, ne sera probablement point en mesure de troubler la descente de nos soixante mille hommes avec chevaux et matériel.

Les détachements de divers corps répartis sur les navires du commerce ayant rallié leurs divisions, et ces dernières étant munies de tout leur attirail de campagne, l'armée réunie se portera en avant, laissant sur les lieux des troupes du génie, plus une suffisante quantité de soldats d'infanterie turque, afin de construire immédiatement un système de redoutes destiné à former une bonne place d'armes, capable de protéger non seulement d'autres arrivages, mais encore, au besoin, la retraite et le rembarquement des troupes alliées.

7° La première ligne d'opération de l'armée sera prise dans l'intérieur des 15 à 18 kilomètres de pays qui séparent le Belbeck de l'Alma, dont les eaux fuient parallèlement entre elles de leur source à la mer. Les troupes, marchant de front sur plusieurs colonnes, remonteront le cours de ces rivières, leur droite appuyée au Belbeck, leur gauche à l'Alma , le

centre suivant la vallée de la Katcha, qui tient à peu près le milieu de l'intervalle situé entre les deux premiers cours d'eau.

Cette marche de l'ouest au nord, contournant Sébastopol, ainsi qu'on peut s'en convaincre par un coup d'œil sur la carte, aura le double avantage de nous maintenir à une très courte distance de cette forteresse et de mettre l'ennemi dans l'impossibilité de prendre une bonne position militaire d'où il puisse arrêter notre marche. En effet, le pays se trouvant montagneux, raviné et coupé de bois, nos troupes, s'élevant vers les sources de ces trois rivières, seront en mesure de prendre à revers les coteaux qui les bordent, sur lesquels les Russes se seraient établis pour nous résister.

Sans doute il est beau, il est chevaleresque, de marcher droit à son adversaire sans tenir aucun compte des difficultés locales, de l'aborder de front et de le culbuter sur le terrain qu'il a choisi; mais comme, dans un pays de montagnes, fort accidenté, on parvient au même résultat, c'est-à-dire à forcer l'ennemi à la retraite, en manœuvrant sur ses flancs ou gagnant ses derrières, ce système devra être le nôtre. Il est peut-être moins brillant sous le rapport de la bravoure, mais il est à la fois plus certain, plus conforme aux vrais principes de l'art, et surtout plus économe de sang humain (1).

8° Trois jours doivent suffire aux alliés, alors même qu'ils auraient à combattre, pour franchir les quarante à

---

(1) Le 27 septembre 1810, le maréchal Masséna eut lieu de se repentir de n'être point resté fidèle à ce principe immuable de la guerre des montagnes.

L'armée française, entrant en Portugal, marchait sur Coïmbre par la route qui traverse la sierra d'Alcoba; elle rencontra l'ennemi quarante-cinq kilomètres qui séparent la mer des routes qui, venant de Pérékop, traversent Simphéropol et Baktche-Seraï pour aboutir à Sébastopol et Balaklava. Parvenue à cette hauteur, l'armée prendra position sur ces deux routes, afin d'isoler la ville de tout secours de la part des troupes russes échelonnées hors de la forteresse jusqu'à Pérékop.

IV.

Si le secret de nos projets n'a point été dévoilé, si nos mouvements stratégiques préparatoires ont produit les effets que nous en attendions, il pourrait se faire que l'amiral russe commandant la flotte, partageant la confiance de son chef, le prince Mentschikoff, sur l'éloignement de tous dangers pour la ville et ses vaisseaux, eût négligé d'obstruer, de barrer et fermer l'entrée de son port; dans ce cas, l'armée alliée tenterait d'enlever la place au moyen d'une énergique et rapide attaque, exécutée simultanément par mer et par terre.

Toutefois, si au bout de quarante-huit heures ce coup de

---

couronnant la crête des montagnes en avant de Busaco. Le maréchal le fait immédiatement attaquer avec vigueur; mais, malgré la bravoure de ses soldats et son habileté personnelle, il ne put enlever la position et s'ouvrir le passage. Le lendemain, revenant dans les saines règles de l'art, il tourne les hauteurs de Busaco, et obtient par là, sans effusion de sang, la retraite de son adversaire, qui, voyant sa gauche menacée, s'empressa d'abandonner la formidable position devant laquelle l'armée française avait perdu sans résultat de 3 à 4 mille hommes tués ou blessés.

main ne présentait aucune chance de réussite, les alliés, loin
d'imiter le faux système, suivi jadis, de cerner une place
avec l'armée entière, d'enterrer celle-ci dans des lignes
de circonvallation et de contrevallation, se rappelleraient le
siége de Turin, en 1706, où le prince Eugène de Savoie, à
la tête de quarante mille hommes, rompit les lignes de l'armée française, forte de soixante-dix mille hommes, com-
mandés par le duc d'Orléans, les maréchaux Marsin et Lafeuillade, quoique bien retranchées derrière leurs fossés de
contrevallation (1).

Vous vous empresserez d'adopter, au contraire, Messieurs, ce meilleur principe de guerre, proclamé par le maréchal de Turenne : « *Ne vous enterrez point devant les villes,*
» *tenez la campagne*, disait ce grand capitaine; *battez les*
» *armées de secours, les places tomberont ensuite d'elles-mê—*
» *mes.* » L'histoire nous montre ce système exactement
suivi par Condé, par Frédéric II; et Napoléon lui-même,
devant Mantoue, en 1796, a sanctionné l'excellence du
principe par les opérations les plus sages comme les plus
habiles qu'une armée puisse entreprendre en pareille oc-
casion.

L'armée alliée s'empressera donc de tourner tous ses ef-

---

(1) A la nouvelle de l'approche du prince Eugène de la capitale
du Piémont, un conseil de guerre eut lieu. Le prince et la plupart
des généraux opinèrent qu'il fallait quitter la circonvallation et
marcher à la rencontre de l'ennemi. Ce projet, conseillé par la prudence, et surtout conforme au caractère audacieux et entreprenant
des troupes françaises, allait être réalisé, lorsque Marsin tira de sa
poche un ordre du roi par lequel on devait déférer à son avis en
cas d'action; et son avis, que partagea Lafeuillade, fut de rester
dans les lignes.

forts contre les masses organisées de l'ennemi qui tiendront la campagne au nord de la presqu'île.

Laissant quelques troupes postées dans une bonne position militaire devant Sébastopol, afin d'observer la garnison de cette ville, elle marchera, en plusieurs colonnes rapprochées, sur les villes de Baktche-Seraï et de Simphéropol, livrera bataille aux Russes si elle les rencontre, fera en sorte de les battre, de les dissoudre, et, les poursuivant ensuite avec rapidité, l'épée dans les reins, ne leur laissera pas le temps de recevoir des renforts du continent; elle combinera ses manœuvres de manière à pousser et rejeter les troupes battues du prince Mentschikoff en dehors de l'isthme de Pérékop (1), où l'armée s'établira fortement, mettant à profit la vieille citadelle et l'ancien fossé qui lie les deux mers, pour en former une puissante ligne de défense contre le retour de toute nouvelle armée ennemie.

Les troupes de toutes armes laissées en Bulgarie au départ du premier convoi, faute de moyens de transport, devront être amenées au plus vite en Crimée; une partie ira renforcer les troupes bloquant Sébastopol, et l'autre, composée de la presque totalité de notre cavalerie, joindra l'armée.

Cinq ou six escadrons anglo-français suffiront au début de la campagne, à cause de la difficulté du terrain jusqu'à Simphéropol. Mais on ne devra point hésiter à combattre et poursuivre plus loin l'ennemi, alors même qu'on se trouverait dépourvu de cavalerie; l'expérience a victorieusement

---

(1) La position de Pérékop est un point stratégique de la plus haute importance. Par cette raison, elle doit être le premier but objectif dans l'invasion de la Crimée.

démontré que la plus grande force d'une armée réside dans l'infanterie, et qu'avec elle et de l'artillerie on obtient des succès : c'est donc à coups de canon et de baïonnette qu'il faudra savoir, au besoin, enfoncer les carrés et les lignes ennemies.

En 1796, le général en chef Bonaparte entreprit son admirable campagne d'Italie sans presque aucune troupe à cheval ; cela ne l'empêcha point, après avoir franchi les Alpes, de s'élancer victorieux dans les vastes plaines du Piémont et de la Lombardie. Du reste, nos corps de cavalerie venant de la baie d'Eupatoria, où ils auront débarqué, ne tarderont pas à joindre l'armée d'invasion.

La flotte secondera utilement l'expédition de l'armée en détachant une division de bâtiments à vapeur, d'un faible tirant d'eau, destinée à intercepter toute communication avec l'île de *Taman* par le détroit de Kertch, et suivre, en outre, dans la mer d'Azof, le mouvement de nos troupes, afin non seulement d'appuyer sa marche, mais encore de s'opposer à tout arrivage de secours de ce côté aux troupes russes.

Si le blocus par mer n'exigeait point la présence devant le port de la totalité des autres navires de guerre, ceux dont MM. les amiraux jugeraient, dans leur prudence, pouvoir se passer auraient mission de longer la côte ouest et nord-ouest de la Tauride, en s'avançant aussi loin que possible dans l'intérieur du golfe de Kerkinit, et allant simuler des dispositions de débarquement à l'embouchure des rivières de Samartchik ou de Tehterdik. Cette dernière surtout, qui forme un défilé parsemé de lacs salés, est parcourue par la route de Simphéropol à Pérékop. Or une menace de descente sur ce point pourrait accélérer la retraite des Moscovites vers la sortie de l'isthme.

Dès que l'armée d'invasion aurait dépassé la ville de

Simphéropol, elle prendrait sa base d'opération sur Eupatoria et le vieux port.

L'armée active de l'ennemi chassée de la Crimée, sa redoutable forteresse, qui le fait principal objet de la campagne, ne tardera point à nous ouvrir ses portes, et l'amiral russe, le gouverneur de la place et les autres officiers de tous grades, renfermés dans l'intérieur de Sébastopol, seront rendus responsables des dommages qu'ils feraient subir à leurs vaisseaux ou au matériel contenu dans leurs arsenaux par l'incendie, le coulage ou autres moyens de destruction quelconques ; il serait possible que, par suite de ces menaces, les immenses richesses de ce port nous fussent livrées dans toute leur valeur, après quelque temps d'un simple blocus hermétique, auquel toutes les troupes disponibles seront employées lorsqu'elles auront pourvu à la défense du fossé ou canal de Pérékop.

S'il arrivait que la portion des troupes du prince Mentschikoff répandue dans l'est de la presqu'île se fût réunie, et que son nombre se trouvât assez considérable pour oser venir inquiéter le blocus, dans ce cas il y aurait à examiner si, au lieu de marcher à la rencontre de ce corps d'armée pour le détruire, il ne serait pas préférable de le laisser entrer dans la place, afin que la consommation des vivres contenus dans les magasins fût beaucoup plus prompte.

Une fois possesseur du sol de la Crimée, les avantages dont jouiront les alliés, avant même la reddition de Sébastopol, seront considérables. En effet, on aura dépouillé le czar d'une de ses plus belles provinces ; on pourra se faire un appui de la population tatare en la soulevant contre la domination russe. L'armée jouira de la faculté de se répartir dans des cantonnements supportables, de vivre en partie sur les ressources du pays pendant les mois d'hiver, où les dangers de la navigation sur la mer Noire obligeraient la flotte entière à retourner dans le canal de Constantinople pour s'y mettre en sûreté.

Tel est, Messieurs, le plan soumis à votre sérieux examen; il détermine le but de la campagne, la nature offensive des opérations et les moyens matériels dont la coalition dispose pour les exécuter. Sans doute, si on ne devait juger les ressources d'une armée que d'après les états de situation du personnel et du matériel, on pourrait peut-être trouver nos moyens d'exécution au-dessous des difficultés de la vaste entreprise qui nous est confiée ; mais il faut encore tenir compte de l'état moral des troupes, et surtout de la capacité de ceux qui sont appelés à les diriger. Or il n'est point douteux que, sous ce double point de vue, votre armée d'Orient ne soit très supérieure à toutes celles que le czar pourra lui opposer.

Que chacune de vos nobles Seigneuries veuille bien maintenant nous donner librement son avis, et nous expose ici les inspirations de son génie et de son expérience militaire : l'intérêt de nos nations le réclame.

Là-dessus, un membre demanda la parole ; il commença par déclarer approuver l'ensemble du plan, mais non certains détails; il allait faire connaître ses observations, lorsqu'un bruit soudain me réveilla. Curieux de continuer cet étrange rêve, j'essayai vainement, le reste de la nuit, d'en ressaisir le fil; le dieu des songes resta rebelle à mes désirs.

3996. — Paris, impr. Guiraudet et Jouaust, rue S.-Honoré, 338.